OVNIs

MARYSA STORM

BLACK
RABBIT
BOOKS

Bolt es una publicación de Black Rabbit Books
P.O. Box 227, Mankato, Minnesota, 56002.
www.blackrabbitbooks.com
Copyright © 2021 Black Rabbit Books

Michael Sellner, diseñador del interior;
Grant Gould, diseñador de producción;
Omay Ayres, investigación fotográfica
Traducción de Travod, www.travod.com

Información del catálogo de publicaciones de la biblioteca del congreso
Names: Storm, Marysa, author.
Title: OVNIs / por Marysa Storm.
Other titles: UFOs. Spanish
Description: Mankato : Black Rabbit Books, 2021. | Series: Bolt jr. un poco espeluznante | Includes index. | Audience: Ages 6-8 | Audience: Grades K-1 | Summary: "Invites readers to investigate stories about UFOs through engaging text, vibrant imagery, and clear, simple graphics"— Provided by publisher.
Identifiers: LCCN 2019053865 (print) | LCCN 2019053866 (ebook) | ISBN 9781623105310 (library binding) | ISBN 9781644664735 (paperback) | ISBN 9781623105372 (ebook)
Subjects: LCSH: Unidentified flying objects—Juvenile literature.
Classification: LCC TL789.2 .S7618 2021 (print) | LCC TL789.2 (ebook) | DDC 001.942—dc23
LC record available at https://lccn.loc.gov/2019053865
LC ebook record available at https://lccn.loc.gov/2019053866

Impreso en los Estados Unidos de América

Créditos de las imágenes
Alamy: MasPix, 12-13; Dreamstime: Divanir4a, 7; Ilexx, Cover; iStock: cris180, 5; iLexx, 8-9; Shutterstock: 3000ad, 21; aapsky, 16-17; Chromatika Multimedia snc, 13; DanieleGay, 1, 22-23; Design Projects, 18; DGIM studio, 14; IgorZh, 6-7; ikonacolor, 3, 24; ktsdesign, 4, 18-19; sdecoret, 10, 20-21; solarseven, 10-11

Contenido

CAPÍTULO 1

Una historia aterradora

Un hombre conduce por una carretera de Nueva Jersey. Es alrededor de la medianoche. La noche parece tranquila. Entonces, ve luces extrañas en el cielo. Se pregunta qué son estos **OVNIs**. ¡No se parecen a nada que haya visto antes!

OVNI: un objeto volador no identificado

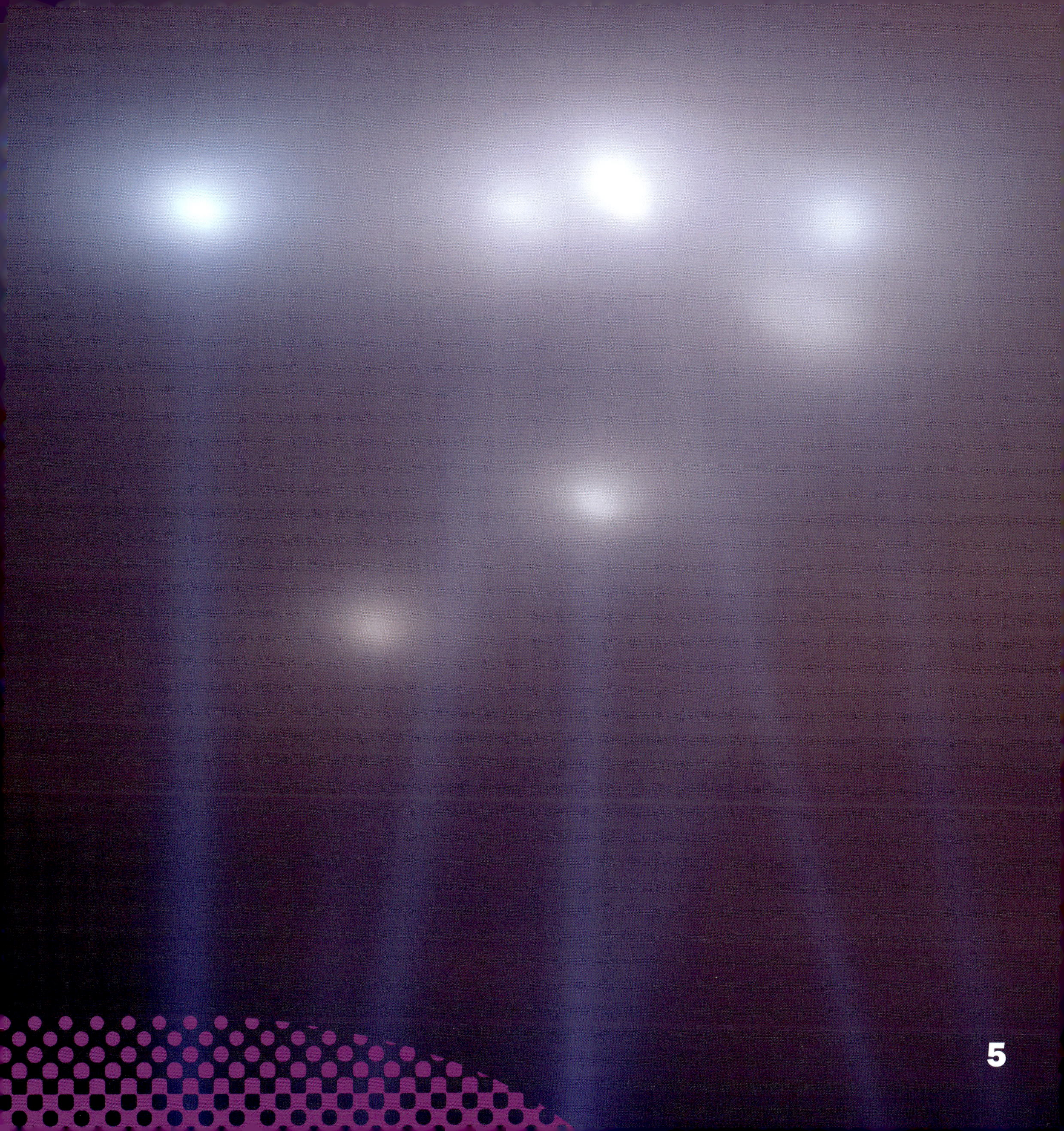

COMPARACIÓN
DE LAS
PERSONAS
QUE HAN
VISTO OVNIs

Alrededor del
17% de los ◄ ......
estadounidenses
dicen que han visto OVNIs.

¿Qué son?

La gente ve OVNIs todos los días. Vuelan por el cielo en todo el mundo. Algunos se mueven lentamente. Otros pasan rápidamente. Algunas personas no piensan que los OVNIs sean cosas normales. ¿Qué son?

Alrededor del
· · · · ▶ 83% de los
estadounidenses
dicen que no han visto OVNIs.

Características del OVNI

luces
brillantes

a menudo se los ha visto en soledad

redondo o en forma de disco

sigiloso o silencioso

9

CAPÍTULO 2

Avistamientos extraños

Algunas personas dicen que los OVNIs son **naves espaciales** extraterrestres. Piensan que los extraterrestres visitan la Tierra. Algunos dicen que los extraterrestres los llevaron a sus naves.

nave espacial: un vehículo utilizado para hacer viajes por el espacio

HECHO

Algunos OVNIs aparecieron en grupos.

¡Pum!

Algunos dicen que han visto OVNIs estrellados. Las autoridades se llevaron los pedazos. Los creyentes dicen que las autoridades quieren ocultar las **pruebas** de que existen los extraterrestres.

prueba: algo que muestra que otra cosa es verdadera

13

Puntos más comunes donde ver OVNIs

Canadá

Estados Unidos

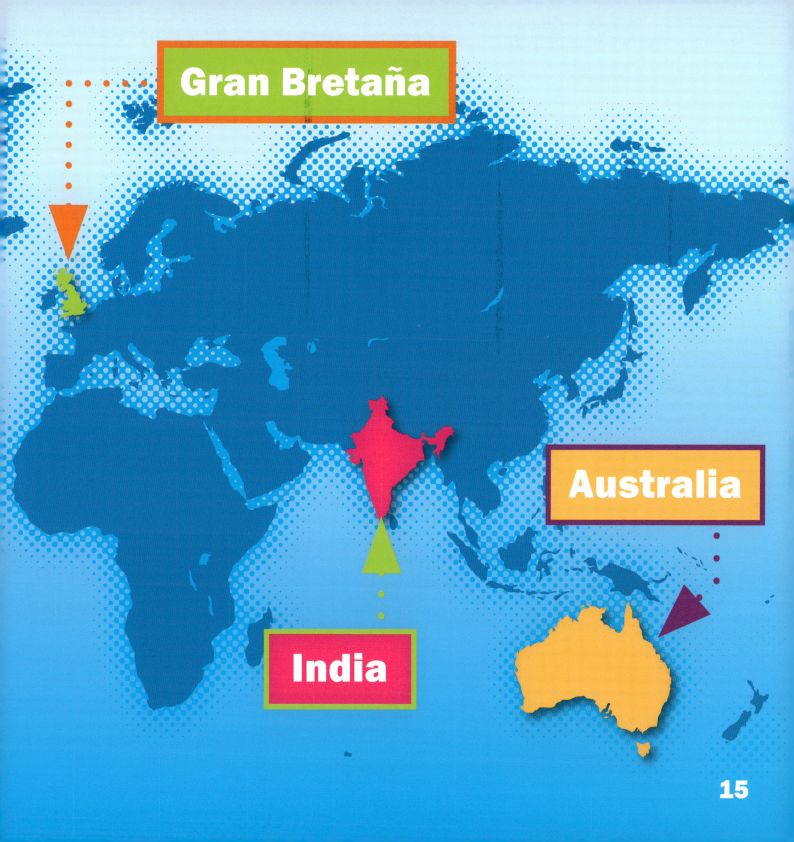

Gran Bretaña

Australia

India

CAPÍTULO 3

¿Qué está pasando?

Hay personas que han estudiado a los OVNIs. La mayoría resultaron ser cosas normales. Algunos eran aviones. Otros eran globos.

HECHO
Algunos OVNIs eran en realidad rayos.

Tú decides

Hay muchas historias sobre OVNIs. La mayoría son fáciles de explicar. Pero algunas son más misteriosas. ¿Son naves espaciales?

Alrededor del 46 por ciento de los estadounidenses cree en los extraterrestres.

Información extra

Muchos avistamientos ocurren en el estado de Washington.

Algunas personas **confunden** a los planetas con OVNIs.

La gente ha contado historias sobre los OVNIs durante miles de años.

Algunas personas piensan que los OVNIs son trasladados al **Área 51.**

Área 51: una base militar estadounidense en Nevada

GLOSARIO

Área 51: una base militar estadounidense en Nevada

nave espacial: un vehículo utilizado para hacer viajes por el espacio

OVNI: es un objeto volador no identificado

prueba: algo que muestra que otra cosa es verdadera

ÍNDICE